Kornelia Schlaaf-Kirschner

Mehrsprachiger Kriterienkatalog zum Beobachtungsbogen für Kinder unter 3

Verlag an der Ruhr

Impressum

Titel

Auf einen Blick

Mehrsprachiger Kriterienkatalog zum Beobachtungsbogen für Kinder unter 3

10er-Set mit Arabisch, Englisch, Französisch, Russisch, Türkisch, Ukrainisch

Autorin

Kornelia Schlaaf-Kirschner

Umschlagmotive

Übersetzung und Lektorat

A. C. T. GmbH

Druck

AZ Druck und Datentechnik GmbH,

Kempten, DE

Verlag an der Ruhr

Mülheim an der Ruhr

www.verlagruhr.de

Hinweis:
Der Verlag an der Ruhr legt großen Wert auf eine geschlechtergerechte und inklusive Sprache. Daher nutzen wir bevorzugt das Gendersternchen, um sowohl männliche und weibliche als auch nichtbinäre Geschlechtsidentitäten einzuschließen. Alternativ verwenden wir neutrale Formulierungen.
In diesem Buch verzichten wir dennoch auf das Gendern. Dies ist eine Einzelfallentscheidung aus didaktischen Gründen und ist in keinem Fall ausschließend oder diskriminierend zu verstehen.

ISBN 978-3-8346-6095-4

Inhaltsverzeichnis

Bildungsbereich Hören, Sehen, Verstehen

1. Das Kind blickt ins Gesicht.
2. Das Kind erschrickt bei lauten Geräuschen.
3. Das Kind nimmt Blickkontakt auf.
4. Das Kind erkennt Farbunterschiede und starke Kontraste.
5. Das Kind reagiert auf Ansprache mit aktiver Bewegung.
6. Das Kind nimmt Bewegungen wahr.
7. Das Kind verfolgt gehende Personen.
8. Das Kind sieht heruntergefallenen Gegenständen nach.
9. Das Kind beobachtet seine Hände.
10. Das Kind bevorzugt bestimmtes Spielzeug.
11. Das Kind erkennt Bezugspersonen.
12. Das Kind stoppt sein Weinen bei Zuspruch und Zuwendung.
13. Das Kind reagiert auf „Komm!“.
14. Das Kind reagiert auf Flüstern mit einer Drehung des Kopfes.
15. Das Kind sieht einem rollenden Ball nach.
16. Das Kind beschäftigt sich mit Spielzeug.
17. Das Kind erkennt Personen von Weitem.
18. Das Kind zeigt auf Personen, wenn es ihre Namen hört.
19. Das Kind reagiert auf seinen Namen.
20. Das Kind schüttelt den Kopf als Verneinung.
21. Das Kind beobachtet andere beim Spiel.
22. Das Kind zeigt auf benannte Körperteile.
23. Das Kind erkennt sein Gegenüber im Spiegel.
24. Das Kind erkennt Geräusche seiner Umwelt.
25. Das Kind versteht mehrere Anweisungen und kann sie hintereinander befolgen.

Bildungsbereich Sprechen

26. Das Kind lallt Monologe, brabbelt, erzeugt Geräusche.
27. Das Kind versucht, über Lautäußerung zu kommunizieren.
28. Das Kind zeigt aktive Mimik.
29. Das Kind steckt die Zunge zwischen die Lippen und prustet.
30. Das Kind nutzt einzelne Vokale und versucht, Betonungen nachzuahmen.
31. Das Kind schreit laut zur Unmutsäußerung.
32. Das Kind antwortet durch Laute.
33. Das Kind versucht, über Namensnennung zu kommunizieren.
34. Das Kind produziert erste willentliche Sprachäußerungen in Form von Silbenketten.
35. Das Kind kann Wörter imitieren.
36. Das Kind lässt sich Texte vorlesen.
37. Das Kind versteht und befolgt Anweisungen.
38. Das Kind verwendet Silben, z. B. „Baba“ für „Ball“ oder „Wauwau“ für „Hund“.
39. Das Kind spricht Personen und Objekte an.
40. Das Kind erkennt Fingerspiele und versucht, mitzusprechen.
41. Das Kind verwendet mindestens fünf Wörter.
42. Das Kind kann mindestens drei Personen und Dinge benennen.
43. Das Kind wartet auf eine Antwort oder Bestätigung.
44. Das Kind spricht in Zweiwortsätzen.
45. Das Kind äußert verständlich einen Wunsch.
46. Das Kind nennt sich beim Vornamen.
47. Das Kind sagt: „da“, „bitte“, „weg“, „danke“.
48. Das Kind kann 50 Wörter sprechen.
49. Das Kind spricht beim Spielen von sich selbst.
50. Das Kind kann Tätigkeiten auf Bildern zeigen.
51. Das Kind beschreibt, was es holen soll (z. B. einen Teller und eine Tasse).
52. Das Kind äußert sich konkret.
53. Das Kind reagiert auf Ansprache von hinten.
54. Das Kind kann kurze Sätze nachsprechen.

Bildungsbereich Bewegung, Geschicklichkeit

55. Das Kind spielt mit seinen Fingern.
56. Das Kind greift in Richtung eines Objekts.
57. Das Kind greift einhändig, dann beidhändig.
58. Das Kind schließt die Hand ums Objekt.
59. Das Kind erkundet Gegenstände mit seinen Händen.
60. Das Kind steckt Dinge in den Mund.
61. Das Kind greift und lässt los.
62. Das Kind gibt einen Gegenstand von Hand zu Hand.
63. Das Kind trinkt allein aus einer Tasse.
64. Das Kind will ohne fremde Hilfe mit dem Löffel essen.
65. Das Kind kann Gegenstände in einen Behälter füllen und herausholen.
66. Das Kind kritzelt auf Papier.
67. Das Kind schiebt Bewegungsspielzeug hin und her.
68. Das Kind beschäftigt sich selbst mit Spielen.
69. Das Kind räumt Gegenstände aus und ein.
70. Das Kind wirft Gegenstände weg.
71. Das Kind zeigt „bitte, bitte".
72. Das Kind greift Gegenstände im Pinzettengriff.
73. Das Kind kann Gegenstände zusammenstecken.
74. Das Kind beginnt mit Lottospielen.
75. Das Kind packt Gegenstände aus Papier aus.
76. Das Kind baut Türme aus zwei Teilen.
77. Das Kind kann selbstständig essen und trinken.
78. Das Kind öffnet Reißverschlüsse.
79. Das Kind steckt z. B. eine kleine Perle in einen engen Flaschenhals.
80. Das Kind blättert Buchseiten gezielt um.
81. Das Kind isst allein mit dem Löffel.
82. Das Kind baut Türme aus mehreren Teilen.
83. Das Kind reiht Perlen auf Draht auf.
84. Das Kind faltet Papier.
85. Das Kind gießt in einen Becher ein.
86. Das Kind malt Rundformen.

Bildungsbereich Körperkontrolle

87. Das Kind hebt den Kopf in Bauchlage.
88. Das Kind kann kräftig strampeln.
89. Das Kind hat die Kopfkontrolle, wenn es auf dem Arm gehalten wird.
90. Das Kind zeigt einen Handstütz in Bauchlage.
91. Das Kind hebt den Kopf in den Rücken.
92. Das Kind begibt sich in den Vierfüßerstand.
93. Das Kind rollt in Bauchlage.
94. Das Kind robbt auf dem Bauch.
95. Das Kind zieht sich hoch zum Stand.
96. Das Kind sitzt gut im Stuhl.
97. Das Kind setzt sich allein auf.
98. Das Kind geht in die Hocke, um Gegenstände aufzuheben.
99. Das Kind geht rückwärts.
100. Das Kind steigt eine Treppe hinauf, indem es sich festhält.
101. Das Kind kann gegen einen Ball treten, ohne umzufallen.
102. Das Kind kann frei gehen.
103. Das Kind klettert auf einen Stuhl.
104. Das Kind spielt in der Hocke.
105. Das Kind geht nachgesetzt treppauf.
106. Das Kind geht am Geländer treppab.
107. Das Kind geht sicher.
108. Das Kind kann einen Ball schießen.
109. Das Kind kann sicher rennen und stoppen.
110. Das Kind springt mit beiden Füßen vom Boden ab.
111. Das Kind hüpft über eine Linie.
112. Das Kind zeigt Bewegungsfreude.

Bildungsbereich Emotionalität, Soziales Miteinander

113. Das Kind zeigt eine soziale Reaktion, lächelt vertraute und fremde Personen an.
114. Das Kind hält festen Blickkontakt.
115. Das Kind schmiegt sich an die Bezugsperson.
116. Das Kind reagiert auf Emotionen anderer.
117. Das Kind zeigt unterschiedliche Emotionen.
118. Das Kind lächelt häufig.
119. Das Kind kann durch Hochnehmen beruhigt werden.
120. Das Kind lautiert Gefühle.
121. Das Kind zeigt eine emotionale Reaktion auf ein freundliches Gesicht.
122. Das Kind mag Körperkontakt.
123. Das Kind kann Emotionen ausdrücken.
124. Das Kind fühlt sich bei seinen Handlungen wohl.
125. Das Kind freut sich beim Spielen.
126. Das Kind zeigt Interesse an Kontakten.
127. Das Kind hebt die Arme zum Hochnehmen.
128. Das Kind zeigt Trotzreaktionen.
129. Das Kind ist angemessen aktiv.
130. Das Kind ist an seiner Umwelt interessiert.
131. Das Kind reagiert deutlich auf Interaktionsangebote.
132. Das Kind kann sich selbst z. B. auf einem Bild erkennen.
133. Das Kind initiiert bewusst eine Kontaktaufnahme.
134. Das Kind spielt parallel mit gleichaltrigen Kindern.
135. Das Kind zeigt ein Streben nach Selbstständigkeit.
136. Das Kind kann sich von der Bezugserzieherin für kurze Zeit trennen.
137. Das Kind unterscheidet vertraute und nicht vertraute Personen.
138. Das Kind setzt Gefühle gegenüber Bezugspersonen bewusst ein.
139. Das Kind sucht Trost, wenn es traurig ist.
140. Das Kind verteidigt sein Eigentum.
141. Das Kind nimmt sich als eigenständige Person wahr.
142. Das Kind spielt kleine Alltagssituationen nach.
143. Das Kind sucht und hält Blickkontakt.

144. Das Kind nimmt Gefühle anderer wahr und verhält sich empathisch.
145. Das Kind ist sensibel für Lob und Tadel.
146. Das Kind sucht die Aufmerksamkeit von Bezugspersonen.
147. Das Kind kann Begeisterung ausdrücken.
148. Das Kind sucht körperliche Nähe.
149. Das Kind kann schnell beruhigt werden.
150. Das Kind kann sich für kurze Zeit allein beschäftigen.
151. Das Kind kann mit Misserfolgen umgehen.
152. Das Kind begrüßt Bezugspersonen.
153. Das Kind hat eine altersgemäße Ausdauer.
154. Das Kind kann sich allein beschäftigen.
155. Das Kind spielt gemeinsam mit anderen Kindern.
156. Das Kind freut sich, wenn es gelobt wird.
157. Das Kind trennt sich von der Bezugsperson.
158. Das Kind stellt sich kleinen Herausforderungen und sucht nach Lösungen.

Bildungsbereich Denken

159. Das Kind reagiert auf Geräusche.
160. Das Kind erkundet Gegenstände mit dem Mund.
161. Das Kind kann Gegenstände fixieren.
162. Das Kind kann Aufmerksamkeit wecken.
163. Das Kind beobachtet bewusst seine Umgebung.
164. Das Kind untersucht Gegenstände mit der Hand.
165. Das Kind zeigt Interesse an anderen Kindern.
166. Das Kind baut Türme aus Bauklötzen.
167. Das Kind interessiert sich für Spielzeug.
168. Das Kind versteht, wenn man z. B. sagt: „Gib mir den Ball!".
169. Das Kind benennt Körperteile.
170. Das Kind ordnet zwei Größen zu.
171. Das Kind unterscheidet eins und viele.
172. Das Kind zeigt ein Objekt auf Bildern.

173. Das Kind will helfen.
174. Das Kind hat bevorzugte Spielpartner.
175. Das Kind fordert Erwachsene zum Spielen auf.
176. Das Kind kann für kurze Zeit konzentriert spielen.
177. Das Kind nimmt zuvor gesehenes Spielzeug unter einem Tuch weg.
178. Das Kind kann ein einfaches Puzzle mit zwei bis drei Teilen legen.
179. Das Kind wiederholt Handlungen, um ein Ziel zu erreichen.
180. Das Kind ordnet Farben zu.
181. Das Kind wird aktiv, wenn es ein Spielzeug haben möchte, welches sich nicht in unmittelbarer Umgebung befindet.
182. Das Kind verwendet das Wort „nein“ richtig.
183. Das Kind ordnet gleiche Gegenstände zu (Kugel, Würfel usw.).
184. Das Kind zeigt Ideenreichtum, um an versteckte Dinge zu gelangen.
185. Das Kind versteht es, Mimik und Gestik entsprechend der Situation einzusetzen.
186. Das Kind spielt konzentriert Rollenspiele und setzt dabei eigene Ideen und Lösungswege um.
187. Das Kind hat den Überblick in der Krippengruppe.
188. Das Kind erkennt Tätigkeiten auf Bildern und kann sie zeigen.
189. Das Kind überträgt Gelerntes auf neue Situationen.

قطاع التعليم/مجال تنمية السمع والنظر والفهم

1. الطفل ينظر في الوجه.
2. الطفل ينزعج من الضوضاء الصاخبة.
3. الطفل يتواصل بالبصر.
4. الطفل يتعرف على تباين الألوان والاختلافات الشديدة.
5. الطفل يستجيب للمخاطبة بحركة نشيطة.
6. الطفل يدرك الحركات.
7. الطفل يتابع الناس السائرة ببصره.
8. الطفل يتابع الأجسام الساقطة ببصره.
9. الطفل يمعن النظر إلى يديه.
10. الطفل يُفضِل لعبة معينة.
11. الطفل يتعرف على من يرعونه.
12. الطفل يكف عن البكاء إذا شعر بمودة ومحبة.
13. الطفل يستجيب لكلمة "تعالى!".
14. الطفل يستجيب للهمس بإدارة رأسه.
15. الطفل يتابع كرة متحركة ببصره.
16. الطفل يشغل نفسه بلعبة.
17. الطفل يتعرف على الناس من بعيد.
18. الطفل يشير بأصبعه إلى الأشخاص إذا سمع أسماءهم.
19. الطفل يستجيب عند سماعه اسمه.
20. الطفل يهز رأسه تعبيرًا عن النفي.
21. الطفل يراقب الآخرين خلال اللعب.
22. الطفل يشير بأصبعه إلى أعضاء الجسم عند ذكرها.
23. الطفل يتعرف على نفسه في المرآة.
24. الطفل يتعرف على الضوضاء في محيطه.
25. الطفل يفهم توجيهات عديدة وينفذها تباعًا.

قطاع التعليم/مجال تنمية التحدث

26. الطفل يجري أحاديث ذاتية ويثرثر ويثير ضوضاء.
27. الطفل يحاول التواصل بأصوات عالية.

28. تظهر على وجه الطفل تعبيرات نشطة.
29. الطفل يضع لسانه بين شفتيه ويصدر صوتًا.
30. الطفل يستخدم حروف متحركة منفصلة ويحاول تقليد مواضع التوكيد.
31. الطفل يصرخ بصوتٍ عالٍ تعبيرًا عن الاستياء.
32. الطفل يستجيب بإصدار أصوات.
33. الطفل يحاول التواصل بذكر الأسماء.
34. الطفل يُصدر تعبيرات صوتية إرادية أولية بصيغة سلاسل من المقاطع.
35. الطفل يستطيع تقليد الكلمات.
36. الطفل يدع أحدهم يقرأ له.
37. الطفل يفهم وينفذ التوجيهات.
38. الطفل يستخدم مقاطع مثل: "كوا" للتعبير عن "الكرة" أو "هوهو" للتعبير عن "الكلب".
39. الطفل يخاطب الناس والأشياء.
40. الطفل يتعرف على ألعاب الأصابع ويحاول المشاركة في الكلام.
41. الطفل يستخدم خمس كلمات على الأقل.
42. الطفل يستطيع أن يدعو ثلاثة أشخاص وأشياء على الأقل بأسمائها.
43. الطفل ينتظر إجابة أو تأكيدًا.
44. الطفل يتحدث بجمل مكونة من كلمتين.
45. الطفل يعبر عن رغباته بصورة مفهومة.
46. الطفل يدعو نفسه باسمه الأول.
47. الطفل يقول: "هناك" و "لو سمحت" و "ارحل" و "شكرًا".
48. الطفل يستطيع أن يتكلم 50 كلمة.
49. الطفل يتكلم خلال اللعب من تلقاء نفسه.
50. الطفل يستطيع الإشارة إلى الأنشطة على صور.
51. الطفل يصف ما عليه إحضاره (مثل صحن وفنجان).
52. الطفل يعبر عن نفسه بصورة دقيقة.
53. الطفل يستجيب للمخاطبة من الخلف.
54. الطفل يستطيع تكرار نطق الجمل القصيرة.

قطاع التعليم/مجال تنمية الحركة والمهارة

55. الطفل يلعب بأصابعه.
56. يمد الطفل يده تجاه الأشياء.
57. الطفل يمسك بيد واحدة، ثم باليدين.

58. الطفل يقبض يده حول الشيء.
59. الطفل يستكشف الأشياء بيديه.
60. الطفل يضع الأشياء في فمه.
61. الطفل يمسك الأشياء ثم يتركها.
62. الطفل ينقل الأشياء من يد لأخرى.
63. الطفل يشرب بمفرده من قدح.
64. الطفل يريد الأكل بالملعقة دون مساعدة خارجية.
65. الطفل يستطيع تعبئة الأشياء في أوعية وإخراجها منها.
66. الطفل يشخبط على الأوراق أو يترك آثارًا عليها.
67. الطفل يحرك الألعاب المتحركة للأمام والخلف.
68. الطفل يشغل نفسه بالألعاب.
69. الطفل يخرج الأشياء من أماكنها ويعيد إدخالها.
70. الطفل يقذف الأشياء.
71. الطفل يُظهِر "من فضلك، من فضلك".
72. الطفل يمسك الأشياء بإصبعي السبابة والإبهام.
73. الطفل يستطيع تجميع الأشياء معًا.
74. الطفل يبدأ بألعاب اليانصيب.
75. الطفل يفك تغليف الأشياء الورقية.
76. الطفل يبني أبراجًا من جزئين.
77. الطفل يستطيع الأكل والشرب بنفسه.
78. الطفل يفتح السحّاب.
79. الطفل يضع خرزة صغيرة مثلًا في عنق زجاجة ضيق.
80. الطفل يقلب صفحات الكتاب بشكل هادف.
81. الطفل يأكل بالملعقة بمفرده.
82. الطفل يبني أبراجًا من عدة أجزاء.
83. الطفل يرتب الخرز في سلاسل.
84. الطفل يثني الورق.
85. الطفل يصب في كأس.
86. الطفل يرسم أشكالًا دائرية.

قطاع التعليم/مجال تنمية التحكم في الجسد

87. الطفل يرفع رأسه في وضعية الرقود.
88. الطفل يستطيع الركل بقوة.
89. الطفل يتحكم في رأسه عندما يحمله أحد على ذراعه.
90. الطفل يستند على يديه في وضعية الرقود.
91. الطفل يوجه رأسه تجاه الظهر.
92. الطفل يُقعي على أربع.
93. الطفل يتدحرج في وضعية الرقود.
94. الطفل يزحف على البطن.
95. الطفل يدفع نفسه إلى الأعلى ليقف.
96. الطفل يجلس على الكرسي جيدًا.
97. الطفل يُجلِس نفسه.
98. الطفل يقرفص لالتقاط الأشياء.
99. الطفل يرجع إلى الخلف.
100. الطفل يصعد السلم وهو يتمسك به.
101. الطفل يستطيع ركل الكرة دون أن يسقط.
102. الطفل يستطيع السير دون مساعدة.
103. الطفل يتسلق على كرسي.
104. الطفل يلعب في وضعية القرفصاء.
105. الطفل يصعد السلم سريعًا.
106. الطفل ينزل السلم ممسكًا بالدرابزين.
107. الطفل يسير بشكل آمن.
108. الطفل يستطيع ركل كرة.
109. الطفل يستطيع الركض والتوقف بثبات.
110. الطفل يقفز بقدميه من على الأرض.
111. الطفل يتقافز فوق خط.
112. الطفل يُظهِر سعادته بالحركة.

مجال التعليم/مجال تنمية العاطفة والمشاركة الاجتماعية

113. الطفل يُظهِر ردة فعل اجتماعية ويبتسم في وجه الأشخاص المألوفين والغرباء.
114. الطفل يحافظ على تواصل بصري ثابت.
115. الطفل يحتضن من يرعاه.
116. الطفل يستجيب لعواطف الآخرين.
117. الطفل يُظهِر عواطف مختلفة.
118. الطفل يبتسم كثيرًا.
119. الطفل يمكن تهدئته عند حمله.
120. الطفل يفصح عن مشاعره.
121. الطفل يُظهِر ردة فعل عاطفية أمام الوجوه الودودة.
122. الطفل يروقه التلامس الجسدي.
123. الطفل يستطيع التعبير عن العواطف.
124. الطفل يشعر بالارتياح في أفعاله.
125. الطفل يفرح خلال اللعب.
126. الطفل يبدي اهتمامًا بالتواصل.
127. الطفل يرفع ذراعيه ليحمله أحد.
128. الطفل يُظهِر ردات فعل عنيدة.
129. الطفل نشيط بدرجة مقبولة.
130. الطفل مهتم بمحيطه.
131. الطفل يستجيب بوضوح لمن يرغب في التفاعل معه.
132. الطفل يستطيع التعرف على نفسه، مثلًا في الصور.
133. الطفل يبادر عن وعي بالتواصل مع غيره.
134. الطفل يلعب بالتوازي مع أطفال من نفس سنه.
135. الطفل يُظهِر سعيًا إلى الاعتماد على الذات.
136. الطفل يستطيع الانفصال عن مربيته لمدة قصيرة.
137. الطفل يفرق بين الناس المألوفة وغير المألوفة له.
138. الطفل يُظهِر لمن يرعونه مشاعره عن وعي.
139. الطفل يبحث عن المواساة عندما يحزن.
140. الطفل يدافع عن ممتلكاته.
141. الطفل يعد نفسه شخصًا مستقلًا.
142. الطفل يحاكي مواقف الحياة اليومية البسيطة.
143. الطفل يسعى للتواصل البصري ويحافظ عليه.
144. الطفل يحس بمشاعر الآخرين ويتصرف بعطف.

145. الطفل حساس تجاه المَديح والتوبيخ.
146. الطفل يسعى لإثارة انتباه من يرعونه.
147. الطفل يستطيع التعبير عن حماسه.
148. الطفل يبحث عن التقارب الجسدي.
149. الطفل يمكن تهدئته سريعًا.
150. الطفل يستطيع أن يشغل نفسه لمدة قصيرة.
151. الطفل يستطيع التعامل مع الإخفاق.
152. الطفل يرحب بمن يرعونه.
153. الطفل يتحلى بقدرة تحمل مناسبة لسنه.
154. الطفل يستطيع أن يشغل نفسه.
155. الطفل يلعب مع أطفال آخرين.
156. الطفل يفرح عند المديح.
157. الطفل ينفصل عَمَّن يرعاه.
158. الطفل يواجه التحديات الصغيرة ويبحث عن حلول.

قطاع التعليم/مجال تنمية التفكير

159. الطفل يستجيب للضوضاء.
160. الطفل يستكشف الأشياء بفمه.
161. الطفل يستطيع تثبيت الأشياء.
162. الطفل يستطيع إثارة الانتباه.
163. الطفل يراقب محيطه بوعي.
164. الطفل يتفحص الأشياء بيديه.
165. الطفل يبدي اهتمامًا بغيره من الأطفال.
166. الطفل يبني أبراجًا من مكعبات البناء.
167. الطفل يهتم باللعب.
168. الطفل يفهم إذا أمره أحدهم: "أحضر لي الكرة!".
169. الطفل يتعرف على أعضاء الجسم ويدعوها بأسمائها.
170. الطفل ينسب حجمين إلى بعضهما.
171. الطفل يميز بين الواحد والكثير.
172. الطفل يشير إلى الشيء في الصور.
173. الطفل يريد أن يساعد.
174. الطفل لديه شريك مفضل في اللعب.

175. الطفل يدعو البالغين للعب.

176. الطفل يستطيع اللعب بتركيز لمدة قصيرة.

177. الطفل يخفي اللعبة التي سبق له رؤيتها تحت قطعة قماش.

178. الطفل يستطيع حل أحجية صور بسيطة مكونة من قطعتين إلى ثلاث قطع.

179. الطفل يكرر الأفعال لتحقيق هدف ما.

180. الطفل يخصص الألوان.

181. الطفل يتحرك إذا أراد لعبة بعيدة عنه.

182. الطفل يستخدم كلمة "لا" بصورة صحيحة.

183. الطفل ينسب الأشياء المماثلة لبعضها بعضًا (مثل الكرة والمكعب).

184. الطفل يُظهِر أفكارًا إبداعية للوصول إلى الأشياء المخبأة.

185. الطفل يجيد استخدام الإيماءات وتعابير الوجه.

186. الطفل يلعب ألعاب تقمص الأدوار بتركيز ويطبق فيها أفكاره وطرق الحل الخاصة به.

187. الطفل مدرك للوضع في مجموعته بالحضانة.

188. الطفل يتعرف على الأنشطة في الصور.

189. الطفل يطبق ما يتعلمه في مواقف جديدة.

Educational field/developmental area listening, vision, understanding

1. The child looks at your face.
2. The child jumps when they hear loud noises.
3. The child makes eye contact.
4. The child identifies colour differences and strong contrasts.
5. The child reacts to being spoken to with active movement.
6. The child perceives movement.
7. The child follows people who are moving about with their gaze.
8. The child follows objects which fall down with their eyes.
9. The child studies their hands.
10. The child has a preference for a certain toy.
11. The child recognises attachment figures.
12. The child stops crying when given comfort and attention.
13. The child responds to “Come!”.
14. The child responds to whispering by turning their head.
15. The child follows a rolling ball with their eyes.
16. The child plays with a toy.
17. The child recognises people at a distance.
18. The child points at people when they hear the relevant names.
19. The child responds to their own name.
20. The child shakes their head to indicate no.
21. The child watches others playing.
22. The child points to body parts they know.
23. The child recognises themselves in the mirror.
24. The child recognises sounds from their environment.
25. The child understands multiple instructions and can follow them one after another.

Educational field/developmental area speaking

26. The child babbles in monologues, engages in baby talk, makes noises.
27. The child attempts to communicate by making sounds.
28. The child shows active facial expressions.
29. The child sticks their tongue between their lips and blows.
30. The child uses some vowels and attempts to copy emphasis.
31. The child cries to express discontent.
32. The child responds by making sounds.
33. The child attempts to communicate by using names.
34. The child produces their first deliberate attempts at language in the form of chains of syllables.
35. The child can imitate words.
36. The child lets others read to them.
37. The child understands and follows instructions.
38. The child uses syllables, e.g. "baba" for "ball" or "woof woof" for "dog".
39. The child talks to people and objects.
40. The child recognises finger games and tries to get involved.
41. The child uses at least five words.
42. The child can name at least three people and things.
43. The child waits for an answer or confirmation.
44. The child speaks in two-word sentences.
45. The child clearly expresses a wish.
46. The child can use their own first name.
47. The child says: "there", "please", away", "thank you".
48. The child can use 50 words.
49. The child talks about themselves when playing.
50. The child can show activities on pictures.
51. The child describes what they need to fetch (e.g. a plate and a cup).
52. The child makes specific utterances.
53. The child responds to being spoken to from behind.
54. The child can copy short sentences.

Educational field/developmental area movement, dexterity

55. The child uses their fingers to play.
56. The child reaches in the direction of an object.
57. The child reaches with one hand, then two.
58. The child closes their hand around an object.
59. The child explores objects with their hands.
60. The child puts things in their mouth.
61. The child grabs and lets go.
62. The child passes an object from one hand to another.
63. The child drinks independently from a cup.
64. The child wants to eat independently with a spoon.
65. The child can fill objects into a container and get them back out.
66. The child scribbles or makes marks on paper.
67. The child pushes a movement toy back and forth.
68. The child occupies themselves playing.
69. The child unpacks objects and puts them away.
70. The child throws objects away.
71. The child demonstrates "please, please".
72. The child grabs objects using a pincer grip.
73. The child can put objects together.
74. The child is starting to play games of luck.
75. The child unpacks objects from paper.
76. The child builds a two-piece tower.
77. The child can eat and drink independently.
78. The child opens zips.
79. The child can put, for example, a small bead in a tight bottle neck.
80. The child flicks through pages of a book in a targeted way.
81. The child eats independently with a spoon.
82. The child builds a tower out of multiple pieces.
83. The child threads beads on wire.
84. The child folds paper.
85. The child can pour into a cup.
86. The child draws round shapes.

Educational field/developmental area body control

87. The child raises their head when lying on their tummy.
88. The child is strong when kicking their legs about.
89. The child has head control when being held in your arms.
90. The child supports themselves on their hands when lying on their tummy.
91. The child raises their head when lying on their back.
92. The child moves onto all fours.
93. The child rolls onto their tummy.
94. The child belly crawls.
95. The child pulls themselves to standing.
96. The child sits well in a chair.
97. The child sits up independently.
98. The child crouches to pick up objects.
99. The child can walk backwards.
100. The child climbs stairs by holding on.
101. The child can kick a ball without falling over.
102. The child can walk independently.
103. The child can climb onto a chair.
104. The child plays whilst crouching down.
105. The child can climb the stairs when being chased.
106. The child can go down stairs using the railing.
107. The child can walk well.
108. The child can shoot a ball.
109. The child can run and stop well.
110. The child can jump off the floor with both feet.
111. The child can hop over a line.
112. The child enjoys moving around.

Educational field/developmental area emotions, social interaction

113. The child demonstrates a social response and smiles at familiar faces and strangers.
114. The child holds firm eye contact.
115. The child cuddles up to the attachment figure.
116. The child responds to other people's emotions.
117. The child displays different emotions.
118. The child often smiles.
119. The child can be reassured by being picked up.
120. The child expresses feelings.
121. The child displays an emotional response to a friendly face.
122. The child likes body contact.
123. The child can express emotions.
124. The child feels comfortable in their actions.
125. The child enjoys playing.
126. The child shows interest in contacts.
127. The child lifts their arms to be picked up.
128. The child displays acts of defiance.
129. The child is appropriately active.
130. The child is interested in their environment.
131. The child has a significant response to offers of interaction.
132. The child can recognise themselves, e.g. on a picture.
133. The child deliberately initiates contact.
134. The child plays in parallel with children of the same age.
135. The child shows a desire for independence.
136. The child can be separated from their main tutor for a short period of time.
137. The child distinguishes between familiar and unfamiliar people.
138. The child deliberately displays their feelings to attachment figures.
139. The child looks for comfort when they are sad.
140. The child defends their property.
141. The child perceives themselves as an independent person.
142. The child recreates small everyday situations.

143. The child seeks and holds eye contact.
144. The child perceives other people's feelings and behaves with empathy.
145. The child is sensitive to praise and reprimand.
146. The child seeks the attention of attachment figures.
147. The child can express enthusiasm.
148. The child seeks physical proximity.
149. The child can be reassured quickly.
150. The child can occupy themselves for a short time.
151. The child can handle failure.
152. The child greets attachment figures.
153. The child has age-appropriate endurance.
154. The child can occupy themselves.
155. The child plays together with other children.
156. The child is pleased when they receive praise.
157. The child can be separated from the attachment figure.
158. The child sets themselves small challenges and looks for solutions.

Educational field/developmental area thinking

159. The child responds to noises.
160. The child explores objects with their mouth.
161. The child can focus on objects.
162. The child can get attention.
163. The child deliberately observes their environment.
164. The child explores objects with their hands.
165. The child shows interest in other children.
166. The child builds towers out of building blocks.
167. The child is interested in toys.
168. The child understands, for example, when you say: "Give me the ball!".
169. The child recognises and names body parts.
170. The child can match two sizes.

171. The child can differentiate one and many.
172. The child shows an object in pictures.
173. The child wants to help.
174. The child has a preference to play with certain people.
175. The child asks adults to play.
176. The child can concentrate on playing for a short time.
177. The child hides a toy they have seen before under a cloth.
178. The child can solve a simple puzzle with two to three pieces.
179. The child repeats actions to achieve a goal.
180. The child can assign colours.
181. The child becomes active when it wants a toy which is positioned away from them.
182. The child uses the word “no” correctly.
183. The child matches the same objects to each other (e.g. ball, dice).
184. The child has lots of ideas for getting to hidden things.
185. The child understands how to use facial expressions and gestures properly.
186. The child concentrates on role play and uses their own ideas and solutions.
187. The child knows what is going on in their childcare group.
188. The child recognises activities on pictures.
189. The child transfers what they have learnt to new situations.

Domaine d'évolution/champ de développement Écouter, voir, comprendre

1. L‘enfant regarde des personnes en face.
2. L‘enfant a peur lorsqu‘il entend des bruits forts.
3. L‘enfant établit un contact visuel.
4. L‘enfant reconnaît des différences de couleur et des forts contrastes.
5. L‘enfant répond par un mouvement actif lorsqu’on lui adresse la parole.
6. L‘enfant perçoit les mouvements.
7. L‘enfant suit du regard les personnes qui marchent.
8. L‘enfant regarde des objets qui tombent.
9. L‘enfant observe ses mains.
10. L‘enfant préfère certains jouets.
11. L‘enfant reconnaît les personnes de référence.
12. L‘enfant arrête de pleurer lorsqu‘il reçoit des encouragements et de l‘attention.
13. L‘enfant réagit quand on lui dit « Viens ! ».
14. L‘enfant réagit aux chuchotements en tournant la tête.
15. L‘enfant regarde une balle qui roule.
16. L‘enfant s‘occupe avec des jouets.
17. L‘enfant reconnaît les personnes de loin.
18. L‘enfant désigne des personnes lorsqu‘il entend leur nom.
19. L‘enfant réagit à son nom.
20. L‘enfant secoue la tête en signe de négation.
21. L‘enfant observe les autres pendant qu‘ils jouent.
22. L‘enfant montre les parties du corps qu‘on lui nomme.
23. L‘enfant se reconnaît dans le miroir.
24. L‘enfant reconnaît les sons de son environnement.
25. L‘enfant comprend plusieurs consignes et peut les suivre les unes après les autres.

Domaine d'évolution/champ de développement Expression orale

26. L'enfant fait des monologues, babille, produit des sons.
27. L'enfant essaie de communiquer par onomatopées.
28. L'enfant montre des mimiques actives.
29. L'enfant met sa langue entre ses lèvres et pouffe.
30. L'enfant utilise des voyelles isolées et essaie d'imiter les intonations.
31. L'enfant crie fort pour exprimer son mécontentement.
32. L'enfant répond par des sons.
33. L'enfant essaie de communiquer en utilisant des noms.
34. L'enfant produit ses premières expressions verbales volontaires sous forme de chaînes de syllabes.
35. L'enfant peut imiter des mots.
36. L'enfant se fait lire des textes.
37. L'enfant comprend et suit les consignes.
38. L'enfant utilise des syllabes, par ex. « baba » pour « balle » ou « ouaf ouaf » pour « chien ».
39. L'enfant s'adresse aux personnes et aux objets.
40. L'enfant reconnaît des jeux de doigts et essaie de participer.
41. L'enfant utilise au moins cinq mots.
42. L'enfant peut nommer au moins trois personnes et choses.
43. L'enfant attend une réponse ou une confirmation.
44. L'enfant parle en phrases de deux mots.
45. L'enfant exprime un souhait de manière compréhensible.
46. L'enfant s'appelle par son prénom.
47. L'enfant dit : « là », « s'il te plaît », « pars », « merci ».
48. L'enfant peut prononcer 50 mots.
49. L'enfant parle de lui-même lorsqu'il joue.
50. L'enfant sait montrer des activités sur des images.
51. L'enfant décrit ce qu'il doit aller chercher (par ex. une assiette et une tasse).
52. L'enfant s'exprime concrètement.
53. L'enfant réagit lorsqu'on lui parle de derrière.
54. L'enfant sait répéter de courtes phrases.

Domaine d'évolution/champ de développement Mouvement, habileté

55. L'enfant joue avec ses doigts.
56. L'enfant saisit en direction d'un objet.
57. L'enfant saisit d'une seule main, puis des deux mains.
58. L'enfant referme sa main sur un objet.
59. L'enfant explore les objets avec ses mains.
60. L'enfant met des choses dans sa bouche.
61. L'enfant saisit et lâche.
62. L'enfant fait passer un objet de main en main.
63. L'enfant boit seul dans une tasse.
64. L'enfant veut manger à la cuillère sans aide extérieure.
65. L'enfant peut mettre des objets dans un récipient et les récupérer.
66. L'enfant gribouille ou laisse des traces sur le papier.
67. L'enfant pousse des jouets mobiles dans tous les sens.
68. L'enfant s'occupe lui-même en jouant.
69. L'enfant range et enlève des objets.
70. L'enfant jette des objets.
71. L'enfant montre « s'il te plaît, s'il te plaît ».
72. L'enfant saisit des objets en utilisant la pince (pouce et index).
73. L'enfant sait assembler des objets.
74. L'enfant commence à jouer des jeux de loto.
75. L'enfant sort des objets de leur papier.
76. L'enfant construit des tours avec deux éléments.
77. L'enfant sait manger et boire tout seul.
78. L'enfant ouvre des fermetures éclair.
79. L'enfant met par ex. une petite perle dans le goulot étroit d'une bouteille.
80. L'enfant tourne les pages d'un livre de manière ciblée.
81. L'enfant mange seul avec la cuillère.
82. L'enfant construit des tours avec plusieurs éléments.
83. L'enfant enfile des perles sur un fil.
84. L'enfant plie du papier.
85. L'enfant verse dans un gobelet.
86. L'enfant dessine des formes rondes.

Domaine d'évolution/champ de développement Contrôle du corps

87. L'enfant lève la tête en position ventrale.
88. L'enfant sait se débattre vigoureusement.
89. L'enfant a le contrôle de sa tête quand on le tient dans les bras.
90. L'enfant s'appuie sur les mains en position ventrale.
91. L'enfant lève la tête en direction du dos.
92. L'enfant se met à quatre pattes.
93. L'enfant roule sur le ventre.
94. L'enfant rampe sur le ventre.
95. L'enfant se hisse jusqu'à la position debout.
96. L'enfant tient bien assis sur une chaise.
97. L'enfant s'assoit tout seul.
98. L'enfant s'accroupit pour ramasser des objets.
99. L'enfant marche en reculant.
100. L'enfant monte un escalier en s'accrochant.
101. L'enfant sait donner un coup de pied dans un ballon sans tomber.
102. L'enfant sait marcher librement.
103. L'enfant grimpe sur une chaise.
104. L'enfant joue accroupi.
105. L'enfant monte les escaliers en prenant une marche à la fois toujours avec le même pied.
106. L'enfant descend les escaliers en se tenant à la rampe.
107. L'enfant marche en toute sécurité.
108. L'enfant sait tirer au ballon.
109. L'enfant sait courir et s'arrêter en toute sécurité.
110. L'enfant saute du sol avec les deux pieds.
111. L'enfant saute par-dessus une ligne.
112. L'enfant montre du plaisir à bouger.

Domaine d'évolution/champ de développement
Émotionnalité, interaction sociale

113. L'enfant montre une réaction sociale, il sourit aux personnes familières et aux inconnus.
114. L'enfant maintient un contact visuel fixe.
115. L'enfant se blottit contre la personne de référence.
116. L'enfant réagit aux émotions des autres.
117. L'enfant manifeste différentes émotions.
118. L'enfant sourit souvent.
119. On peut rassurer l'enfant en le prenant dans les bras.
120. L'enfant vocalise des émotions.
121. L'enfant a une réaction émotionnelle face à un visage gentile.
122. L'enfant aime le contact physique.
123. L'enfant sait exprimer des émotions.
124. L'enfant se sent à l'aise dans ses actions.
125. L'enfant prend plaisir à jouer.
126. L'enfant montre de l'intérêt pour les contacts.
127. L'enfant lève les bras pour qu'on le prenne.
128. L'enfant montre des réactions de défi.
129. L'enfant est raisonnablement actif.
130. L'enfant s'intéresse à son environnement.
131. L'enfant réagit clairement aux propositions d'interaction.
132. L'enfant sait se reconnaître, par ex., sur une photo.
133. L'enfant initie consciemment une prise de contact.
134. L'enfant joue en parallèle avec des enfants de son âge.
135. L'enfant montre une aspiration à l'autonomie.
136. L'enfant sait se séparer de l'éducatrice de référence pendant une courte période.
137. L'enfant distingue les personnes familières de celles qui ne le sont pas.
138. L'enfant montre consciemment ses sentiments aux personnes de référence.
139. L'enfant cherche du réconfort lorsqu'il est triste.
140. L'enfant défend sa propriété.

141. L'enfant se perçoit comme une personne autonome.
142. L'enfant reproduit de petites situations de la vie quotidienne.
143. L'enfant cherche et maintient le contact visuel.
144. L'enfant perçoit des sentiments des autres et se comporte de manière empathique.
145. L'enfant est sensible aux félicitations et aux réprimandes.
146. L'enfant cherche à attirer l'attention des personnes de référence.
147. L'enfant sait exprimer son enthousiasme.
148. L'enfant recherche la proximité physique.
149. L'enfant peut être rapidement rassuré.
150. L'enfant sait s'occuper seul pendant une courte période.
151. L'enfant sait gérer des échecs.
152. L'enfant dit bonjour aux personnes de référence.
153. L'enfant a une endurance adaptée à son âge.
154. L'enfant sait s'occuper seul.
155. L'enfant joue avec d'autres enfants.
156. L'enfant est heureux d'être félicité.
157. L'enfant se sépare de la personne de référence.
158. L'enfant fait face à de petits défis et cherche des solutions.

Domaine d'évolution/champ de développement Réflexion

159. L'enfant réagit aux sons.
160. L'enfant explore des objets avec sa bouche.
161. L'enfant sait fixer des objets.
162. L'enfant sait attirer l'attention.
163. L'enfant observe consciemment son environnement.
164. L'enfant examine des objets avec sa main.
165. L'enfant montre de l'intérêt pour les autres enfants.
166. L'enfant construit des tours avec des blocs de construction.
167. L'enfant s'intéresse aux jouets.
168. L'enfant comprend si l'on dit par ex. : « Donne-moi la balle ! ».
169. L'enfant nomme des parties de son corps.

170. L'enfant attribue deux tailles.
171. L'enfant distingue un et plusieurs.
172. L'enfant montre un objet sur des images.
173. L'enfant veut aider.
174. L'enfant a des partenaires de jeu préférés.
175. L'enfant invite les adultes à jouer.
176. L'enfant sait jouer en restant concentré pendant un court laps de temps.
177. L'enfant enlève des jouets qu'il a vu précédemment de sous un tissu.
178. L'enfant sait faire un puzzle simple de deux ou trois pièces.
179. L'enfant répète des actions pour atteindre un objectif.
180. L'enfant associe des couleurs.
181. L'enfant s'active lorsqu'il veut un jouet éloigné.
182. L'enfant utilise correctement le mot « non ».
183. L'enfant associe des objets identiques (p. ex. boule, cube).
184. L'enfant fait preuve d'inventivité pour accéder à des objets cachés.
185. L'enfant sait utiliser les mimiques et les gestes de manière appropriée à la situation.
186. L'enfant se concentre sur les jeux de rôle et met en œuvre ses propres idées et solutions.
187. L'enfant a une vue d'ensemble du groupe de la crèche.
188. L'enfant reconnaît et montre des activités sur les images.
189. L'enfant transfère ce qu'il a appris à de nouvelles situations.

Образовательная область/направление развития — слух, зрение, понимание

1. Ребенок рассматривает лицо.
2. Ребенок пугается громких звуков.
3. Ребенок устанавливает зрительный контакт.
4. Ребенок распознает цветовые различия и сильные контрасты.
5. Ребенок реагирует на обращение к нему активным движением.
6. Ребенок воспринимает движения.
7. Ребенок провожает взглядом идущих людей.
8. Ребенок смотрит вслед упавшим предметам.
9. Ребенок следит за своими руками.
10. Ребенок отдает предпочтение определенным игрушкам.
11. Ребенок узнает ухаживающих за ним людей.
12. Ребенок перестает плакать, когда его утешают и обращают на него внимание.
13. Ребенок реагирует на «Иди ко мне!».
14. Ребенок реагирует на шепот поворотом головы.
15. Ребенок следит за катящимся мячиком.
16. Ребенок занимается игрушками.
17. Ребенок узнает людей на расстоянии.
18. Ребенок показывает на людей, когда слышит их имена.
19. Ребенок реагирует на свое имя.
20. Ребенок качает головой в знак отрицания.
21. Ребенок наблюдает за другими во время игры.
22. Ребенок показывает на названные части тела.
23. Ребенок узнает самого себя в зеркале.
24. Ребенок узнает звуки окружающей его среды.
25. Ребенок понимает несколько команд и может выполнять их одну за другой.

Образовательная область/направление развития — речь

26. Ребенок лепечет монологи, бормочет, издает звуки.
27. Ребенок пытается общаться с помощью изречения звуков.
28. Ребенок демонстрирует активную мимику.
29. Ребенок просовывает язык между губами и фыркает.
30. Ребенок использует одиночные гласные и пытается имитировать ударения.
31. Ребенок громко кричит, чтобы выразить недовольство.
32. Ребенок отвечает звуками.
33. Ребенок пытается общаться с помощью имен.
34. Ребенок производит первые намеренные речевые высказывания в форме цепочек слогов.
35. Ребенок может имитировать слова.
36. Ребенок позволяет читать себе тексты вслух.
37. Ребенок понимает и выполняет повеления.
38. Ребенок использует слоги, например, «Мя-Мя» для «мяча» или «Ау-ау» для «собаки».
39. Ребенок обращается к людям и предметам.
40. Ребенок распознает движения пальцев и пытается участвовать.
41. Ребенок использует не менее пяти слов.
42. Ребенок может назвать не менее трех человек и предметов.
43. Ребенок ждет ответа или подтверждения.
44. Ребенок говорит предложениями из двух слов.
45. Ребенок в понятной форме выражает свое желание.
46. Ребенок называет себя по имени.
47. Ребенок говорит: «там», «пожалуйста», «уйди», «спасибо».
48. Ребенок может выговорить 50 слов.
49. Ребенок говорит о себе во время игры.
50. Ребенок может показывать действия на картинках.
51. Ребенок описывает, что ему взять (например, тарелку и чашку).
52. Ребенок выражается конкретно.
53. Ребенок реагирует на обращение к нему сзади.
54. Ребенок может повторять короткие предложения.

Образовательная область/направление развития — мышление, ловкость

55. Ребенок играет со своими пальцами.
56. Ребенок тянется в направлении предмета.
57. Ребенок хватает одной рукой, затем двумя руками.
58. Ребенок обхватывает рукой предмет.
59. Ребенок исследует предметы руками.
60. Ребенок засовывает предметы в рот.
61. Ребенок хватается и отпускает.
62. Ребенок перекладывает предмет из одной руки в другую.
63. Ребенок самостоятельно пьет из чашки.
64. Ребенок хочет есть ложкой без посторонней помощи.
65. Ребенок может складывать предметы в контейнер и вынимать их.
66. Ребенок рисует каракули или оставляет следы на бумаге.
67. Ребенок толкает движущиеся игрушки вперед и назад.
68. Ребенок занимает себя играми.
69. Ребенок убирает и складывает предметы.
70. Ребенок отбрасывает предметы.
71. Ребенок показывает «пожалуйста, пожалуйста».
72. Ребенок захватывает предметы щипковым захватом.
73. Ребенок может соединять предметы.
74. Ребенок начинает играть в лото.
75. Ребенок распаковывает предметы из бумаги.
76. Ребенок строит башни из двух частей.
77. Ребенок может самостоятельно есть и пить.
78. Ребенок расстегивает молнии.
79. Ребенок вставляет, например, маленькую бусинку в узкое горлышко бутылки.
80. Ребенок целенаправленно перелистывает страницы книги.
81. Ребенок сам ест ложкой.
82. Ребенок строит башни из нескольких частей.
83. Ребенок нанизывает бусины на проволоку.
84. Ребенок складывает бумагу.

85. Ребенок наливает в чашку.
86. Ребенок рисует круглые формы.

Образовательная область/направление развития — управление телом

87. Ребенок поднимает голову в положении лежа на животе.
88. Ребенок может энергично толкаться ногами.
89. Ребенок держит голову, когда его держат на руках.
90. Ребенок демонстрирует опору руками в положении на животе.
91. Ребенок поднимает голову в положении лежа на спине.
92. Ребенок становится на четвереньки.
93. Ребенок переворачивается на живот.
94. Ребенок ползает по-пластунски.
95. Ребенок подтягивается вверх в положение стоя.
96. Ребенок хорошо сидит на стуле.
97. Ребенок самостоятельно садится один.
98. Ребенок садится на корточки, чтобы поднять предметы.
99. Ребенок пятится назад.
100. Ребенок поднимается по лестнице, держась за перила.
101. Ребенок может ударить по мячу, не упав.
102. Ребенок может свободно ходить.
103. Ребенок залезает на стул.
104. Ребенок играет в положении на корточках.
105. Ребенок поднимается по лестнице приставным шагом.
106. Ребенок спускается по лестнице, держась за перила.
107. Ребенок ходит уверенно.
108. Ребенок может ударить по мячу.
109. Ребенок может уверенно бегать и останавливаться.
110. Ребенок подпрыгивает, отрывая обе ноги от земли.
111. Ребенок перепрыгивает через линию.
112. Ребенок проявляет радость от движения

Образовательная область/направление развития — эмоциональность, социальное взаимодействие

113. Ребенок проявляет социальную реакцию, улыбается знакомым и незнакомым людям.
114. Ребенок поддерживает постоянный зрительный контакт.
115. Ребенок прижимается к воспитателю.
116. Ребенок реагирует на эмоции других.
117. Ребенок проявляет различные эмоции.
118. Ребенок часто улыбается.
119. Ребенка можно успокоить, взяв его на руки.
120. Ребенок громко выражает свои чувства.
121. Ребенок проявляет эмоциональную реакцию на дружелюбное лицо.
122. Ребенку нравится физический контакт.
123. Ребенок может выражать эмоции.
124. Ребенок чувствует себя комфортно в своих действиях.
125. Ребенок радуется во время игры.
126. Ребенок проявляет интерес к контактам.
127. Ребенок поднимает руки, чтобы его взяли на руки.
128. Ребенок проявляет реакции неповиновения.
129. Ребенок адекватно активен.
130. Ребенок интересуется своим окружением.
131. Ребенок четко реагирует на предложения о взаимодействии.
132. Ребенок может узнать себя, например, на фотографии.
133. Ребенок сознательно инициирует установление контакта.
134. Ребенок играет одновременно с детьми того же возраста.
135. Ребенок проявляет стремление к самостоятельности.
136. Ребенок может на короткое время разлучиться с воспитателем.
137. Ребенок различает знакомых и незнакомых людей.
138. Ребенок сознательно демонстрирует свои чувства воспитателям.
139. Ребенок ищет утешения, когда ему грустно.
140. Ребенок защищает свою собственность.
141. Ребенок воспринимает себя как самостоятельную личность.
142. В ходе игры ребенок изображает небольшие повседневные ситуации.
143. Ребенок ищет и поддерживает зрительный контакт.

144. Ребенок воспринимает чувства других людей и проявляет эмпатию.
145. Ребенок чувствителен к похвале и порицанию.
146. Ребенок ищет внимания со стороны воспитателей.
147. Ребенок может выражать восхищение.
148. Ребенок ищет физической близости.
149. Ребенка можно быстро успокоить.
150. Ребенок может на короткое время занять себя сам.
151. Ребенок может справиться с неудачами.
152. Ребенок приветствует ухаживающих за ним людей.
153. Ребенок обладает соответствующей возрасту выносливостью.
154. Ребенок может занять себя сам.
155. Ребенок играет вместе с другими детьми.
156. Ребенок радуется, когда его хвалят.
157. Ребенок отделяется от воспитателя.
158. Ребенок не сдается перед трудностями и ищет решения.

Образовательная область/направление развития — мышление

159. Ребенок реагирует на шумы.
160. Ребенок исследует предметы ртом.
161. Ребенок может фиксировать предметы.
162. Ребенок может привлекать внимание.
163. Ребенок осознанно наблюдает за окружающим миром.
164. Ребенок исследует предметы руками.
165. Ребенок проявляет интерес к другим детям.
166. Ребенок строит башни из строительных блоков.
167. Ребенок интересуется игрушками.
168. Ребенок понимает, когда ему, например, говорят: «Дай мне мяч!».
169. Ребенок узнает и называет части тела.
170. Ребенок выделяет два разных размера.
171. Ребенок различает одно и много.
172. Ребенок показывает предмет на картинках.

173. Ребенок хочет помочь.
174. У ребенка есть предпочтительные партнеры по игре.
175. Ребенок приглашает взрослых поиграть.
176. Ребенок может короткое время сконцентрироваться на игре.
177. Ребенок достает из-под ткани ранее увиденные игрушки.
178. Ребенок может собрать простую головоломку из двух или трех частей.
179. Ребенок повторяет действия для достижения цели.
180. Ребенок распределяет цвета.
181. Ребенок проявляет активность, когда он хочет иметь игрушку, лежащую на расстоянии.
182. Ребенок правильно использует слово «нет».
183. Ребенок сопоставляет одинаковые предметы друг с другом (например, шар, кубик).
184. Ребенок проявляет изобретательность, чтобы добраться до спрятанных вещей.
185. Ребенок умеет правильно использовать мимику и жесты.
186. Ребенок сосредоточенно играет в ролевые игры и реализует собственные идеи и решения.
187. Ребенок имеет общее представление в ясельной группе.
188. Ребенок узнает действия на картинках.
189. Ребенок переносит полученные знания на новые ситуации.

Durma, Görme, Anlama Eğitim Alanı/Gelişim Alanı

1. Çocuk yüze bakıyor.
2. Çocuk yüksek seslerde korkuyor.
3. Çocuk göz teması kuruyor.
4. Çocuk renk farklarını ve büyük kontrastları görebiliyor.
5. Çocuk kendisiyle konuşulduğunda aktif hareketle tepki veriyor.
6. Çocuk hareketleri fark ediyor.
7. Çocuk yürüyen kişileri gözleriyle takip ediyor.
8. Çocuk düşen cisimlerin arkasından bakıyor.
9. Çocuk ellerini gözlemliyor.
10. Çocuk belirli oyuncakları tercih ediyor.
11. Çocuk bildiği kişileri tanıyor.
12. Çocuk ilgi ve şefkat gösterildiğinde ağlamayı bırakıyor.
13. Çocuk „Gel“ deyince tepki veriyor.
14. Çocuk fısıltıyla konuşunca başını çeviriyor.
15. Çocuk yuvarlanan bir topun arkasından bakıyor.
16. Çocuk oyuncaklarla meşgul oluyor.
17. Çocuk insanları uzaktan tanıyor.
18. Çocuk adlarını duyduğunda parmağıyla ilgili kişileri gösteriyor.
19. Çocuk adını duyunca tepki veriyor.
20. Çocuk hayır anlamında başını sallıyor.
21. Çocuk başkalarını oynarken izliyor.
22. Çocuk ona söylenen vücut kısımlarına işaret ederek gösteriyor.
23. Çocuk kendisini aynada tanıyor.
24. Çocuk çevresindeki sesleri tanıyor.
25. Çocuk birden fazla talimatı anlıyor ve bunları sırayla yerine getirebiliyor.

26. Çocuk monologlar yapıyor, kendi kendine konuşuyor, ses çıkarıyor.
27. Çocuk ses çıkararak iletişim kurmaya çalışıyor.
28. Çocuk aktif mimikler gösteriyor.
29. Çocuk dilini dudaklarının arasına koyarak nefes veriyor.
30. Çocuk tek tek sesli harfleri kullanıyor ve ses vurgularını taklit etmeye çalışıyor.
31. Çocuk hoşnut olmadığını dile getirmek için yüksek sesle bağırıyor.
32. Çocuk sesler çıkararak cevap veriyor.
33. Çocuk ad söyleyerek iletişim kurmaya çalışıyor.
34. Çocuk sıralı heceler halinde ilk kasıtlı konuşma denemelerini yapıyor.
35. Çocuk kelimeleri taklit edebiliyor.
36. Çocuk kendisine metin okunmasına izin veriyor.
37. Çocuk talimatları anlıyor ve uyguluyor.
38. Çocuk heceler kullanıyor, örn. „Top" için „Toto" veya „Köpek" için „Havhav".
39. Çocuk direk insanlarla ve nesnelerle konuşuyor.
40. Çocuk parmak oyunlarını anlıyor ve konuşarak eşlik etmeye çalışıyor.
41. Çocuk en az beş kelime kullanıyor.
42. Çocuk en azından beş kişinin ve eşyanın adını söyleyebiliyor.
43. Çocuk bir cevap veya onay bekliyor.
44. Çocuk iki kelimelik cümleler kullanarak konuşuyor.
45. Çocuk isteğini anlaşılır şekilde dile getiriyor.
46. Çocuk kendisine kendi adıyla hitap ediyor.
47. Çocuk: „orada", „lütfen", „yok", „tamam" diyor.
48. Çocuk 50 kelime konuşabiliyor.
49. Çocuk oyun oynarken kendisinden bahsediyor.
50. Çocuk resimlerde faaliyetler gösterebiliyor.
51. Çocuk ne alması gerektiğini açıklıyor (örn. bir tabak ve bir fincan).
52. Çocuk istediği şeyi belirgin bir şekilde dile getiriyor.
53. Çocuk onunla arkadan konuşulduğunda tepki veriyor.
54. Çocuk kısa cümleleri tekrar edebiliyor.

Hareket, Beceri Eğitim Alanı/Gelişim Alanı

55. Çocuk parmaklarıyla oynuyor.
56. Çocuk bir nesneye doğru uzanıyor.
57. Çocuk önce tek eliyle, sonra iki eliyle tutuyor.
58. Çocuk elini nesnenin çevresine sarıyor.
59. Çocuk elindeki nesneleri inceliyor.
60. Çocuk ağzına bir şeyler sokuyor.
61. Çocuk tutuyor ve bırakıyor.
62. Çocuk bir cismi elden ele alıyor.
63. Çocuk tek başına fincandan içiyor.
64. Çocuk yardım almadan kaşıkla yemek istiyor.
65. Çocuk cisimleri bir kaba doldurup çıkartabiliyor.
66. Çocuk kağıt üzerinde karalama yapıyor.
67. Çocuk hareket oyuncakları ileri geri hareket ettiriyor.
68. Çocuk kendi kendine oyun oynayabiliyor.
69. Çocuk cisimleri bulundukları yerden çıkarıp tekrar topluyor.
70. Çocuk cisimleri atıyor.
71. Çocuk „lütfen, lütfen" diyerek gösteriyor.
72. Çocuk cımbız kavraması şeklinde cisimleri tutuyor.
73. Çocuk cisimleri birbirine geçirebiliyor.
74. Çocuk loto oyunları ile başlıyor.
75. Çocuk kağıda sarılı cisimleri kağıttan çıkarıyor.
76. Çocuk iki parçadan kule yapıyor.
77. Çocuk kendi kendine yemek yiyip içebiliyor.
78. Çocuk fermuar açabiliyor.
79. Çocuk örneğin küçük bir boncuğu dar bir şişeye sokuyor.
80. Çocuk kitap sayfalarını hedefli bir şekilde çeviriyor.
81. Çocuk tek başına kaşıkla yiyor.
82. Çocuk birden fazla parçayla kule yapıyor.
83. Çocuk boncukları tele diziyor.
84. Çocuk kağıt katlıyor.
85. Çocuk bir bardağa içecek dolduruyor.
86. Çocuk yuvarlak şekiller çiziyor.

Beden Kontrolü Eğitim Alanı/Gelişim Alanı

87. Çocuk karın üstü yatarken başını kaldırıyor.
88. Çocuk güçlü bir şekilde bacaklarını hareket ettiriyor.
89. Çocuk kucakta tutulduğunda başını tutuyor.
90. Çocuk karın üstü yatarken eliyle destek alıyor.
91. Çocuk başını sırtına doğru kaldırıyor.
92. Çocuk dört ayak üstünde duruyor.
93. Çocuk karnının üstüne dönüyor.
94. Çocuk karın üstünde sürünerek ilerleyebiliyor.
95. Çocuk kendini çekerek ayağa kalkıyor.
96. Çocuk iyi şekilde sandalyede oturuyor.
97. Çocuk kendi kendine oturuyor.
98. Çocuk yerden cisim almak için çömeliyor.
99. Çocuk geri geri gidiyor.
100. Çocuk tutunarak merdiven çıkıyor.
101. Çocuk düşmeden bir topa tekme atıyor.
102. Çocuk destek almadan yürüyor.
103. Çocuk bir sandalyeye tırmanıyor.
104. Çocuk çömelerek oyun oynuyor.
105. Çocuk aynı ayağı öne atarak merdiven çıkıyor.
106. Çocuk korkuluktan tutunarak merdivenden iniyor.
107. Çocuk güvenli bir şekilde yürüyor.
108. Çocuk bir topa vurabiliyor.
109. Çocuk güvenli bir şekilde koşup durabiliyor.
110. Çocuk iki ayağıyla yerden kalkacak şekilde sıçrıyor.
111. Çocuk bir çizginin üstünden atlıyor.
112. Çocuk hareket etmekten zevk aldığını gösteriyor.

Duygusallık, Sosyal Birliktelik Eğitim Alanı/Gelişim Alanı

113. Çocuk sosyal tepki gösteriyor, tanıdığı kişilere ve yabancı kişilere gülümsüyor.
114. Çocuk gözlerini kaçırmadan göz teması kuruyor.
115. Çocuk tanıdığı kişilere yanaşıyor.
116. Çocuk başkalarının duygularına tepki veriyor.
117. Çocuk farklı duygular sergiliyor.
118. Çocuk sık sık gülümsüyor.
119. Çocuk kucağa alınarak sakinleştirilebiliyor.
120. Çocuk seslerle hislerini ifade ediyor.
121. Çocuk gülümser bir yüze duygusal tepki veriyor.
122. Çocuk vücut temasını seviyor.
123. Çocuk duygularını ifade edebiliyor.
124. Çocuk yaptıklarında kendini rahat hissediyor.
125. Çocuk oyun oynarken mutlu oluyor.
126. Çocuk başkalarıyla iletişim kurmaya ilgi gösteriyor.
127. Çocuk kucağa alınması için kollarını kaldırıyor.
128. Çocuk inatçı tepkiler veriyor.
129. Çocuk uygun seviyede aktif.
130. Çocuk çevresine ilgi duyuyor.
131. Çocuk kendisine sunulan etkileşim imkanlarına belirgin şekilde tepki veriyor.
132. Çocuk örneğin bir resimde kendisini tanıyabiliyor.
133. Çocuk başkalarıyla bilerek iletişim kuruyor.
134. Çocuk aynı zamanda yaşıtlarıyla oynuyor.
135. Çocuk bağımsızlık arzusu gösteriyor.
136. Çocuk kendisinden sorumlu öğretmenden kısa süreliğine ayrılabiliyor.
137. Çocuk yakından tanıdığı ve tanımadığı insanları ayırt edebiliyor.
138. Çocuk yakından tanıdığı kişilere bilerek duygularını gösteriyor.
139. Çocuk üzgün olduğunda teselli edilmek istiyor.
140. Çocuk kendi eşyalarını savunuyor.
141. Çocuk bir birey olduğunun farkında.
142. Çocuk günlük hayatta yaşanan küçük durumları oynarken taklit ediyor.

143. Çocuk gözle teması arıyor ve koruyor.
144. Çocuk başkalarının hislerini fark ediyor ve empati gösteriyor.
145. Çocuk takdir ve azar konusunda hassas.
146. Çocuk yakından tanıdığı kişilerden ilgi görmek istiyor.
147. Çocuk coşku gösterebiliyor.
148. Çocuk bedensel yakınlık arıyor.
149. Çocuk hızlı bir şekilde sakinleştirilebiliyor.
150. Çocuk kısa süreliğine kendi kendini meşgul edebiliyor.
151. Çocuk başarısız olduğunda bunun üstesinden gelebiliyor.
152. Çocuk tanıdığı kişilere selam veriyor.
153. Çocuk yaşına uygun dayanma gücüne sahip.
154. Çocuk kendi kendini meşgul edebiliyor.
155. Çocuk başka çocuklarla oynuyor.
156. Çocuk takdir edildiğinde seviniyor.
157. Çocuk yakın olduğu kişiden ayrılıyor.
158. Çocuk küçük zorluklara göğüs geriyor ve çözüm arıyor.

Düşünme Eğitim Alanı/Gelişim Alanı

159. Çocuk seslere tepki veriyor.
160. Çocuk ağzıyla cisimleri keşfediyor.
161. Çocuk cisimlere odaklanabiliyor.
162. Çocuk dikkati üzerine çekebiliyor.
163. Çocuk çevresini bilinçli bir şekilde izliyor.
164. Çocuk cisimleri eliyle inceliyor.
165. Çocuk başka çocuklara ilgi duyuyor.
166. Çocuk oyuncak yapı taşlarıyla kule yapıyor.
167. Çocuk oyuncaklara ilgi duyuyor.
168. Çocuk örneğin şunu anlıyor: „Bana topu ver!“.
169. Çocuk vücut kısımlarını tanıyor ve adını söylüyor.
170. Çocuk iki büyüklüğü tahsis ediyor.
171. Çocuk bir ve birçok arasında ayrım yapıyor.
172. Çocuk resimlerde bir nesneyi gösteriyor.

173. Çocuk yardım etmek istiyor.
174. Çocuğun oyun oynamayı tercih ettiği kişiler var.
175. Çocuk yetişkinlerden oyun oynamalarını istiyor.
176. Çocuk kısa süreliğine oyununa konsantre olabiliyor.
177. Çocuk önceden gördüğü bir oyuncağı bezin altından çıkarıyor.
178. Çocuk iki ila üç parçalı basit bir yapbozu birleştirebiliyor.
179. Çocuk bir hedefe ulaşmak için eylemleri tekrarlıyor.
180. Çocuk renkleri tahsis ediyor.
181. Çocuk uzakta duran bir oyuncağı istediğinde aktif oluyor.
182. Çocuk „hayır" kelimesini doğru kullanıyor.
183. Çocuk aynı cisimleri eşleştiriyor (örn. küre, küp).
184. Çocuk saklanmış cisimlere ulaşmak için yaratıcı davranıyor.
185. Çocuk mimik ve el-kol hareketlerini uygun kullanmayı biliyor.
186. Çocuk konsantre olarak rol oyunları oynuyor ve bu sırada kendi fikir ve çözümlerini de hayata geçiriyor.
187. Çocuk yuva grubunda neler olup bittiğini biliyor.
188. Çocuk resimlerdeki faaliyetleri biliyor.
189. Çocuk öğrendiklerini yeni durumlara aktarıyor.

Освітня сфера/сфера розвитку — слух, зір, розуміння

1. Дитина роздивляється обличчя.
2. Дитина лякається гучних звуків.
3. Дитина встановлює зоровий контакт.
4. Дитина розпізнає кольори та сильні контрасти.
5. При звертанні дитина реагує активним рухом.
6. Дитина сприймає рухи.
7. Дитина водить очима за людьми, які ходять.
8. Дитина шукає предмети, що впали.
9. Дитина стежить за своїми руками.
10. Дитина надає перевагу певним іграшкам.
11. Дитина впізнає вихователя.
12. Дитина перестає плакати, коли її заохочують та приділяють увагу.
13. Дитина реагує на «Ходи сюди!».
14. Дитина реагує на шепіт поворотом голови.
15. Дитина спостерігає за тим, як котиться м'яч.
16. Дитина грається.
17. Дитина впізнає людей здалеку.
18. Дитина вказує на людей, коли чує їхні імена.
19. Дитина реагує на власне ім'я.
20. Дитина заперечливо хитає головою.
21. Дитина спостерігає за іншими під час гри.
22. Дитина вказує на названі частини тіла.
23. Дитина впізнає себе в дзеркалі.
24. Дитина розпізнає звуки довкілля.
25. Дитина розуміє декілька інструкцій і може виконувати їх по черзі.

Освітня сфера/сфера розвитку — мовлення

26. Дитина вимовляє невиразні монологи, белькоче, видає звуки.
27. Дитина намагається спілкуватися за допомогою голосу.

28. Дитина демонструє активну міміку.
29. Дитина просовує язик між губами та пирхає.
30. Дитина використовує окремі голосні та намагається імітувати наголос.
31. Дитина голосно кричить, щоб висловити невдоволення.
32. Дитина відповідає за допомогою звуків.
33. Дитина намагається спілкуватися за допомогою імені.
34. Перші мовленнєві висловлювання дитина промовляє у вигляді складів.
35. Дитина може повторювати слова.
36. Дитина читає вголос тексти.
37. Дитина розуміє і виконує вказівки.
38. Дитина використовує склади, наприклад «мямя» для «м‘яча» або «гавгав» для «собаки».
39. Дитина розмовляє з людьми і предметами.
40. Дитина розпізнає пальчикові ігри і намагається долучитися до них.
41. Дитина використовує не менше п’яти слів.
42. Дитина може назвати не менше трьох людей і речей.
43. Дитина чекає відповіді чи підтвердження.
44. Дитина говорить двослівними реченнями.
45. Дитина чітко висловлює власні бажання.
46. Дитина називає себе по імені.
47. Дитина каже: «так», «будь ласка», «йди», «дякую».
48. Дитина може говорити 50 слів.
49. Дитина розповідає про себе граючись.
50. Дитина може показувати дії на малюнках.
51. Дитина описує, що потрібно взяти (наприклад, тарілку й чашку).
52. Дитина виражає власні бажання конкретно.
53. Дитина реагує на мовлення позаду неї.
54. Дитина може повторювати короткі речення.

Освітня сфера/сфера розвитку — рух та спритність

55. Дитина грає зі своїми пальчиками.
56. Дитина тягнеться до предмета.
57. Дитина тримає однією рукою, потім двома руками.
58. Дитина хапає предмет рукою.
59. Дитина досліджує предмети руками.
60. Дитина кладе предмети до рота.
61. Дитина тримає і відпускає.
62. Дитина перекладає предмет з руки в руку.
63. Дитина самостійно п‘є з чашки.
64. Дитина хоче їсти ложкою самостійно.
65. Дитина може складати предмети в контейнер та виймати їх.
66. Дитина малює або залишає сліди на папері.
67. Дитина штовхає іграшки рухами вперед-назад.
68. Дитина грається самостійно.
69. Дитина прибирає та складає предмети.
70. Дитина розкидає речі.
71. Дитина показує рухами «хочу, хочу».
72. Дитина бере предмети «пінцетним захватом» (захоплює предмет подушечками великого та вказівного пальців).
73. Дитина може складати предмети.
74. Дитина починає грати в лото.
75. Дитина розпаковує паперові предмети.
76. Дитина будує вежі з двох частин.
77. Дитина може самостійно їсти, пити.
78. Дитина розстібає блискавки.
79. Дитина просовує, наприклад, маленьку перлину в щільне горлечко пляшки.
80. Дитина свідомо перегортає сторінки книги.
81. Дитина самостійно їсть ложкою.
82. Дитина будує вежі з декількох частин.
83. Дитина нанизує намистини на нитку.
84. Дитина складає папір.

85. Дитина наливає в чашку.
86. Дитина малює круглі форми

Освітня сфера/сфера розвитку — контроль тіла

87. Дитина піднімає голову в положенні лежачи.
88. Дитина може енергійно штовхатися ногами.
89. Дитина тримає голову, коли її тримають на руках.
90. Дитина піднімає голову в положенні лежачи на животі.
91. Дитина піднімає голову в положенні лежачи на спині.
92. Дитина може ставати на четвереньки.
93. Дитина перевертається в положенні лежачи.
94. Дитина повзає на животі.
95. Дитина підтягується до стійки.
96. Дитина добре сидить у кріслі.
97. Дитина сідає сама.
98. Дитина присідає, щоб підняти предмети.
99. Дитина ходить задом наперед.
100. Дитина піднімається по сходах, опираючись.
101. Дитина може бити по м’ячу і при цьому не падати.
102. Дитина може вільно ходити.
103. Дитина залазить на стілець.
104. Дитина присідає та грається.
105. Дитина йде слідом сходами.
106. Дитина спускається по сходах, тримаючись за перила.
107. Дитина ходить впевнено.
108. Дитина може вдарити м’яч.
109. Дитина може спокійно бігти і зупинятися.
110. Дитина стрибає від землі на обох ногах.
111. Дитина стрибає через лінію.
112. Дитина отримує задоволення від руху.

Освітня сфера/сфера розвитку — емоційність, соціальна взаємодія

113. Дитина проявляє соціальну реакцію, посміхається знайомим і незнайомим людям.
114. Дитина підтримує постійний зоровий контакт.
115. Дитина притискається до вихователя.
116. Дитина реагує на емоції оточуючих.
117. Дитина проявляє різні емоції.
118. Дитина часто посміхається.
119. Дитину можна заспокоїти, взявши її на руки.
120. Дитина озвучує власні почуття.
121. Дитина демонструє емоційну реакцію на привітне обличчя.
122. Дитині подобається фізичний контакт.
123. Дитина може висловлювати емоції.
124. Дитина відчуває комфорт від власних дій.
125. Дитина із задоволенням грається.
126. Дитина проявляє інтерес до контактів.
127. Дитина піднімає руки, щоб її підняли.
128. Дитина проявляє зухвалі реакції.
129. Дитина в міру активна.
130. Дитина цікавиться довкіллям.
131. Дитина чітко реагує на пропозиції взаємодії.
132. Дитина може впізнати себе, наприклад, на фотографії.
133. Дитина свідомо ініціює встановлення контакту.
134. Дитина грає паралельно з дітьми одного віку.
135. Дитина демонструє прагнення до самостійності.
136. Дитина може ненадовго розлучитися з вихователем.
137. Дитина розрізняє знайомих і незнайомих людей.
138. Дитина свідомо показує власні почуття вихователям.
139. Дитина шукає втіхи, коли їй сумно.
140. Дитина захищає свою власність.
141. Дитина сприймає себе як самостійну особистість.
142. Дитина зображує дрібні побутові ситуації в грі.
143. Дитина шукає і підтримує зоровий контакт.

144. Дитина сприймає почуття інших та проявляє емпатію.
145. Дитина чутлива до похвали й звинувачення.
146. Дитина шукає уваги з боку вихователів.
147. Дитина може проявляти ентузіазм.
148. Дитина шукає фізичної близькості.
149. Дитину можна швидко заспокоїти.
150. Дитина може самостійно ненадовго зайняти себе.
151. Дитина може впоратися з невдачами.
152. Дитина вітає вихователів.
153. Витривалість дитини відповідає віку.
154. Дитина може самостійно зайняти себе.
155. Дитина грає з іншими дітьми.
156. Дитина радіє, коли її хвалять.
157. Дитина віддаляється від вихователя.
158. Дитина стикається з невеликими проблемами та шукає рішення.

Освітня сфера/сфера розвитку — мислення

159. Дитина реагує на звуки.
160. Дитина досліджує предмети ротом.
161. Дитина може закріплювати предмети.
162. Дитина може привернути увагу.
163. Дитина свідомо спостерігає за довкіллям.
164. Дитина досліджує предмети рукою.
165. Дитина проявляє інтерес до інших дітей.
166. Дитина будує вежі з кубиків.
167. Дитина цікавиться іграшками.
168. Дитина розуміє, коли ви, наприклад, говорите: «Дай мені м'яч!».
169. Дитина впізнає і називає частини тіла.
170. Дитина розпізнає два різних розміри.
171. Дитина розрізняє одне і багато.
172. Дитина показує предмет на малюнках.
173. Дитина хоче допомогти.

174. У дитини є партнери по грі, яким вона надає перевагу.
175. Дитина заохочує до гри дорослих.
176. Дитина може недовго бути зосереджена на грі.
177. Дитина дістає з-під тканини іграшки, які бачила раніше.
178. Дитина може зібрати просту головоломку з двох або трьох частин.
179. Дитина повторює дії для досягнення мети.
180. Дитина розподіляє кольори.
181. Дитина стає активною, коли хоче іграшку, що лежить не поруч.
182. Дитина правильно використовує слово «ні».
183. Дитина поєднує між собою однакові предмети (наприклад кулю, кубик).
184. Дитина проявляє винахідливість, щоб дістатися до захованих речей.
185. Дитина вміє правильно використовувати міміку і жести.
186. Дитина грає сконцентровано в рольові ігри та реалізує власні ідеї та рішення.
187. Дитина має власне представлення в ясельній групі.
188. Дитина розпізнає дії на малюнках.
189. Дитина переносить вивчене на нові ситуації